AF311912

TABLEAUX ANCIENS

DES

Écoles Hollandaise

Flamande, Française et Italienne

PORTRAITS HISTORIQUES

Provenant des anciennes collections

du Marquis Charles de VALORI, du Baron de BEURNONVILLE,

SELLAR, etc.

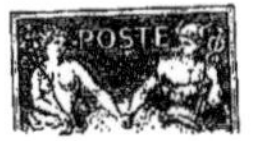

VENTE HOTEL DROUOT, SALLE N° 8

Le Lundi 15 Février 1892

A DEUX HEURES ET DEMIE

Me G. DUCHESNE	**MM. HARO Frères**
Commissaire-Priseur	Peintres-Experts
6, Rue de Hanovre, 6	14, Rue Visconti et rue Bonaparte, 20

1892

CATALOGUE

DES

TABLEAUX ANCIENS

DES

Écoles Hollandaise
Flamande, Française et Italienne

PORTRAITS HISTORIQUES

PROVENANT DES ANCIENNES COLLECTIONS

du Marquis Charles de VALORI, du Baron de BEURNONVILLE,

SELLAR, etc., etc.

dont la Vente aura lieu

HOTEL DROUOT, SALLE N° 8

le Lundi 15 Février 1892

A DEUX HEURES ET DEMIE

EXPOSITIONS

PARTICULIÈRE	PUBLIQUE
le Samedi 13 Février 1892	le Dimanche 14 Février 1892

de une heure et demie à cinq heures et demie

Mᵉ G. DUCHESNE
Successeur de Mᵉ ESCRIBE
Commissaire-Priseur
6, Rue de Hanovre, 6

MM. HARO, Frères
Peintres-Experts
14, Rue Visconti et rue Bonaparte, 20

1892

CE CATALOGUE SE DISTRIBUE

à Paris chez

<table>
<tr><td>Me G. DUCHESNE
Successeur de Me Escribe
Commissaire-Priseur
6, Rue de Hanovre, 6</td><td>MM. HARO, Frères
Peintres-Experts
14, Rue Visconti et rue Bonaparte, 20</td></tr>
</table>

CONDITIONS DE LA VENTE

Elle sera faite au comptant.

Les acquéreurs payeront *cinq pour cent* en plus du prix d'adjudication.

TABLEAUX

BELLINI (GIOVANNI) — École de

1 — La Vierge et l'Enfant Jésus.

> La Vierge assise sur un tertre, l'Enfant Jésus sur ses genoux, pose la main sur la tête d'un pieux personnage agenouillé devant elle ; derrière, saint Jérôme.
> Curieux tableau de la suite des Bellini.

B. — H., 0^m,52. L., 0^m,75.

CANO (ALONZO) — Attribué à

2 — Tête de Vierge.

> Ancienne collection du marquis Charles de Valori.

B. — H., 0^m,35. L., 0^m,29.

CLOUET (École de)

3 — Portrait d'Homme.

> (Ce tableau était désigné dans l'ancien catalogue comme portrait du duc de Guise, fils du Balafré.)
> Ancienne collection du marquis Charles de Valori.

B. — H., 0^m,35. L., 0^m,24.

CUYP (Albert)

4 — Le Chat dans le poulailler.

Une poule blanche couve dans un panier d'osier et se tourne effrayée vers un chat gris qui montre sa tête dans l'embrasure d'une lucarne. Un poussin se rapproche de la couveuse.

Une coquille de moule, un pot de terre rouge, une vieille lanterne renversée, un seau retourné, sont épars sur le sol.

(Extrait du catalogue de la collection Sellar où ce tableau figurait sous le n° 14.)

B. — H., 0ᵐ,72. L., 1ᵐ,07.

CUYP (Jacques-Gerritze)

5 — Portrait d'une Jeune Princesse.

Elle est représentée debout, vêtue d'une robe grise à broderies d'or, une large collerette autour du cou et des manchettes de dentelles.

Elle tient à la main un éventail; auprès d'elle est un chien; un autre chien se lève pour se faire caresser.

Ancienne collection du marquis Charles de Valori.

T. — H., 1ᵐ,21. L., 0ᵐ,89.

DOLCI (Carlo) — D'après

6 — Ecce Homo.

Ancienne collection du marquis Charles de Valori.
Forme ovale.

C. — H., 0^m,71. L., 0^m,58.

DE DREUX (École de)

7 — Cheval de selle.

Étude.
Ancienne collection du marquis Charles de Valori.

T. — H., 0^m,32. L., 0^m40.

DUMOUSTIER (École de)

8 — Portrait de Henri IV.

Ancienne collection du marquis Charles de Valori.

B. — H., 0^m,35. L., 0^m,24.

EYCK (Jan Van) — Attribué à

9 — La Vierge et l'Enfant.

Marie est debout au milieu d'une terrasse dallée de
marbre, et d'où l'on découvre un paysage mon........eux et
boisé que traverse un cours d'eau. Ses cheveux blonds,

ondulés, tombent sur les épaules; vêtue d'une robe bleue en partie cachée par un manteau rouge, elle se penche avec une tendre sollicitude vers le divin Enfant qu'elle porte dans ses bras et qui a sur la main la boule symbolique de cristal surmontée de la croix d'or.

Derrière la Vierge, un banc gothique en chêne, à dossier sculpté, est recouvert d'un tapis de drap d'or, à dessins veloutés.

Une arcade forme l'encadrement de la composition; deux colonnettes en décorent les jambages, supportant deux statuettes dorées : Adam et Ève.

Intéressant spécimen de l'art flamand au xve siècle pour l'éclat et la transparence du coloris, la finesse extrême des détails, la douceur et la naïveté des expressions.

Bel état de conservation.

(Extrait du catalogue de la collection Sellar où ce tableau figurait sous le n° 22.)

B. — H., 0^m,56. L., 0^m,31.

GÉRICAULT (École de)

10 — Cheval au manège.

Ancienne collection du marquis Charles de Valori.

T. — H., 0^m,40. L., 0^m,53.

HAGEN (Van der)

11 — Le Pont d'une ancienne ville fortifiée.

A droite, la ville, dont on aperçoit les maisons et les monuments, entourée de remparts.

Un pont aux nombreuses arches, ayant à ses extrémités

deux tourelles dont celle de gauche commandait un ancien pont-levis, relie la ville à ses faubourgs. Par les arceaux du pont on aperçoit des bateaux rangés le long de la rive et le paysage terminé à l'horizon par des collines.

Au premier plan, placé sur un îlot qui se trouve au milieu de la rivière, un peintre dessine le paysage ; auprès de lui un jeune seigneur le regarde travailler, tandis qu'un page tient son cheval en bride.

Sur le pont passe un carrosse accompagné de cavaliers et plusieurs personnages regardent un pêcheur monté dans un bateau.

Les figures sont de Van de Velde.

Signé à droite.

Ancienne collection du marquis Charles de Valori.

B. — H., 0^m,35. L., 0^m,57.

HEYDEN (Van de) et VELDE (Van de)

12 — Les Vieux remparts.

Paysage avec figures d'une très fine exécution.
Ancienne collection du marquis Charles de Valori.

B. — H., 0^m,16. L., 0^m,22.

LAURI (Ph.)

13 — Sujet mythologique.

Ancienne collection du marquis Charles de Valori.

T. — H., 0^m,37. L., 0^m,47.

LONGHI (Pietro)

14 — Scène de carnaval à Venise.

T. — H., 0^m,41. L., 0^m,35.

METZU (École de)

15 — La Toilette du chien.

Ancienne collection du marquis Charles de Valori.

T. — H., 0^m,41. L., 0^m,16.

PETEERS (Clara)

16 — Nature morte.

Sur une table, les reliefs d'un déjeuner : des fruits, un poulet, un vidrecome, du pain, etc.
Signé du monogramme sur la lame du couteau.

B. — H., 0^m,48. L., 1^m,73.

PLATZER

17 — Le Sac d'une ville.

T. — H., 0^m,24. L., 0^m,30.

PORBUS (École de)

18 — Portrait d'Homme.

Ancienne collection du marquis Charles de Valori.

T. — H., 0^m,46. L., 0^m,36.

ROMAIN (Jules) — Attribué à

19 — La Vierge, l'Enfant Jésus et Saint Jean.

Coiffée d'une draperie enroulée en manière de turban, la Vierge en robe rose et manteau vert tient l'Enfant Jésus dans ses bras. Le petit saint Jean, une peau de mouton sur l'épaule, tenant une croix enlacée d'une banderole, avance la main vers son divin Maître.

Réplique du tableau du Louvre.

Reproduction du catalogue du baron de Beurnonville où ce tableau figurait sous le n° 689.

B. — H., 0^m,38. L., 0^m,27.

ROMBOUTS

20 — Le Chemin. Paysage.

Ancienne collection du marquis Charles de Valori.

B. — H., 0^m,18. L., 0^m,30.

RUBENS (École de)

21 — Portrait d'homme.

Ancienne collection du marquis Charles de Valori.

B. — H., 0^m,45. L., 0^m,38.

22 — La Curiosité des trois filles de Cécrops.

B. — H., 0^m,42. L., 0^m,50.

SARTO (Andréa del) — École de

23 — Portrait d'Homme.

Il est assis dans un fauteuil, tenant une lettre de la main gauche, vêtu d'une ample robe rouge, la tête coiffée d'une toque noire.
Ancienne collection du marquis Charles de Valori.

B. — H., 1^m,02. L., 0^m,74.

STELLA

24 — Flore et Zéphir. Projet de plafond.

T. — H., 0^m,28. L., 0^m,24.

VAN DE VELDE (Attribué à)

25 — Le Retour de la pêche.

Ancienne collection du marquis Charles de Valori.

B. — H., 0^m,15. L. 0^m,28.

ÉCOLE ALLEMANDE

26 — Portrait de Frédéric Ier de Bavière, *dit* le Victorieux.

Le prince est représenté à mi-corps, appuyé sur une balustrade recouverte d'un tapis ; il est vêtu d'un ample vêtement broché d'or recouvrant un justaucorps lacé ; sur la tête, un bonnet cachant à demi une couronne.
Fond de paysage.
A droite, un cartel sur lequel on lit :

PFALZ GRAF FRID

ERICH DER GVT

CHVRFVRST

VON BAYERN

CONTHVR P.

Nous faisons remarquer que, à la suite de l'inscription que nous relatons ci-dessus, il a été ajouté postérieurement une date erronée qu'il serait utile d'enlever.
Ce prince, mort en 1476 à Heidelberg, fut enterré dans le couvent des Frères Mineurs. Sur sa tombe sont gravés ces mots :
Fredericus Dux Bavariæ, Salus patriæ, Prædonum

fulmen. Tres illustres hostes vicit. Principatum auxit et pie e vivis excessit. Fuit ejus vitæ socia virtus, gloria mortis comes, heros magnanimus, imperterritus et inexpugnabilis.

Ancienne collection du marquis Charles de Valori.

B. — H., 0m,71. L., 0m,60.

ÉCOLE ALLEMANDE

27 — Portrait de Charles-Quint.

Ancienne collection du marquis Charles de Valori.

B. — H., 0m,31. L., 0m,24.

28 — Portrait de l'empereur Maximilien.

Ce curieux tableau a malheureusement subi quelques restaurations.

B. — H., 0m,51. L., 0m,36.

29 — La Présentation au temple.

B. — H., 0m,51. L., 0m,35.

30 — Une Confession.

B. — H., 0m,37. L., 0m,21.

31 — La Circoncision.

B. — H., 0m,36. L., 0m,26.

ÉCOLE ALLEMANDE

32 — Adam et Ève.

B. — H., 0^m,35. L., 0^m,26.

ÉCOLE ESPAGNOLE

33 — Les Œuvres de miséricorde.

Ancienne collection du marquis Charles de Valori.

T. — H., 0^m,72. L., 0^m,100.

34 — Saint Joseph et l'Enfant Jésus.

Ancienne collection du marquis Charles de Valori.

T. — H., 0^m,65. L., 0^m,48.

35 — Tête de Femme.

Étude.
Ancienne collection du marquis Charles de Valori.

T. — H., 0^m,40. L., 0^m,32.

36 — Le Barbier espagnol.

Ancienne collection du marquis Charles de Valori.

T. — H., 0^m,71. L., 0^m,58.

ÉCOLE FLAMANDE

37 — Jésus marchant sur les flots.

B. — H., 0^m,43. L., 0^m,55.

38 — Portrait d'Homme.

Il est coiffé d'une toque noire, vêtu d'un habit violet à revers : il se détache sur un fond doré.

Ancienne collection du marquis Charles de Valori.

B. — H., 0^m,17. L., 0^m,14.

39 — Adoration d'un roi mage.

Ancienne collection du marquis Charles de Valori.

B. — H., 0^m,51. L., 0^m,36.

40 — Portrait d'une Religieuse.

Ovale.

B. — H., 0^m,35. L., 0^m,27.

41 — Portrait du Père Cottier.

B. — H., 0^m,31. L., 0^m,23.

ÉCOLE FRANÇAISE

42 — Portrait présumé de Renée de France.

Elle est représentée debout, à mi-corps, tournée vers la gauche ; sur la tête, une coiffe avec couronne de perles ; elle est vêtue d'une robe de brocart broché d'or et d'argent, avec manches à crevés et retroussis de fourrure ; sur les épaules est un collier de perles se rattachant à un joyau sur la poitrine ; elle tient entre ses mains des gants de cérémonie.

Ce très curieux tableau en bon état de conservation passait dans la collection du marquis Charles de Valori pour un Van Eyck. Nous pensons qu'il faut l'attribuer soit à Gossaert, dit Jean de Mabuse, soit à un peintre français de l'époque.

Nous connaissons un portrait du même temps représentant la même personne, avec coiffe pareille, même couronne : elle porte un collier de perles formé de la lettre E enlacée en monture avec les bijoux, qui a accrédité l'opinion que ce portrait serait celui d'Éléonore d'Autriche.

D'un autre côté, le musée du Louvre possède un dessin de l'École française qui représente le même personnage que le portrait de la collection Valori ; il est ainsi désigné dans le catalogue :

« Portrait de Renée de France, duchesse de Ferrare, fille de Louis XII et de Jeanne de France. » Elle est représentée en buste et de trois quarts, tournée vers la gauche. Ses cheveux sont lisses et partagés sur le haut du front ; un petit bonnet auquel pend un voile couvre le derrière de la tête. On lit sur ce dessin : « Madame Renée de France, fille de Louis XII. »

Ancienne collection du marquis Charles de Valori.

B. — H., 0^m,79. L., 0^m,63.

ÉCOLE FRANÇAISE

43 — La Jeune Malade.

Une jeune femme en coquet déshabillé est étendue sur une chaise longue ; une servante lui apporte un breuvage.

Derrière le tableau nous trouvons une note ainsi conçue : « *Portrait de Mme Greuze, fait dans l'atelier de Greuze, donné par sa fille Aimée Greuze.* » (*Chardin.*)

Ancienne collection du marquis Charles de Valori.

T. — H., 0^m,82. L., 1^m,26.

44 — Portrait d'Homme, époque Louis XIV.

Il est représenté tourné vers la droite, coiffé d'une grande perruque, drapé d'un manteau qui laisse apercevoir un rabat de dentelle.

Ce joli petit portrait, qui était dans l'ancien catalogue attribué à l'École française, nous paraît être plutôt de l'École flamande.

Ancienne collection du marquis Charles de Valori.

C. — H., 0^m,20. L., 0^m,16.

45 — Paysage.

Ancienne collection du marquis Charles de Valori.

B. — H., 0^m,12. L., 0^m,15.

46 — Portrait de Femme.

T. — H., 0^m,60. L., 0^m,49.

ÉCOLE FRANÇAISE

47 — Paysage.

T. — H., 0^m,41. L., 0^m,51.

ÉCOLE HOLLANDAISE

48 — Portrait d'Homme.

Il est représenté en costume Louis XIII, vêtu d'un pourpoint de buffleterie recouvert d'une cuirasse, une large ceinture autour du corps et chaussé de grandes bottes avec revers de dentelles; il tient à la main un bâton de commandement. Auprès de lui, par terre, est posé son casque.

B. — H., 0^m,59. L., 0^m,40.

49 — Portrait de Femme.

Ancienne collection du marquis Charles de Valori.

T. — H., 0^m,68. L., 0^m,48.

50 — Jeune Femme filant.

Ancienne collection du marquis Charles de Valori.

B. — H., 0^m,39. L., 0^m,27.

51 — Paysage.

Ancienne collection du marquis Charles de Valori.

T. — H., 0^m,28. L., 0^m,36.

ÉCOLE ITALIENNE

52 — Portrait de grand seigneur époque Louis XII.

Il est représenté de profil, vêtu d'un pourpoint noir à crevés roses qui laisse dépasser une chemisette à petits plis et coiffé d'un bonnet noir sur lequel est fixé un curieux joyau représentant sainte Catherine.

La tête, d'un grand caractère, se détache sur un fond gris.

Ancienne collection du marquis Charles de Valori.

B. — H., 0^m,62. L., 0^m,50.

53 — Portrait présumé de la Duchesse d'Este.

Elle est représentée debout à mi-corps, la tête couverte d'une coiffure ornée d'un bijou, vêtue d'une robe de velours rouge avec collerette enrichie de perles. Autour du cou, un collier de perles.

Ancienne collection du marquis Charles de Valori.

T. — H., 1^m. L., 0^m,81.

54 — Portrait de Michel-Ange.

Ancienne collection du marquis Charles de Valori.

T. — H., 0^m,14. L., 0^m,16.

55 — Portrait d'Homme.

Il est représenté vêtu de noir, portant un livre.

A. — H., 0^m,69. L., 0^m,48.

ÉCOLE ITALIENNE

56 — Portrait d'Homme.

Il est représenté vêtu de noir et tenant un livre; dans le fond, on aperçoit un crucifix.

Ancienne collection du marquis Charles de Valori.

B. — H., 0^m,55. L., 0^m,45.

57 — Portrait de Femme.

Ce tableau était indiqué comme portrait de Catherine Sforza, dans l'ancienne collection du marquis Charles de Valori.

B. — H., 0^m.39. L., 0^m,30.

58 — Portrait d'Homme.

Il est vêtu de blanc avec une toque noire.

Ancienne collection du marquis Charles de Valori.

B. — H., 0^m,17. L., 0^m,14.

59 — La Vierge, l'Enfant Jésus et saint Jean.

Fresque.

Ancienne collection du marquis Charles de Valori.

H., 0^m,75. L., 0^m,52.

60 — Portrait d'Homme.

Ancienne collection du marquis Charles de Valori.

T. — H., 0^m,56. L., 0^m,45.

ÉCOLE ITALIENNE

61 — Portrait d'Homme.

T. — H., 0ᵐ,51. L., 0ᵐ,38.

62 — Portrait d'Homme.

B. — H., 0ᵐ,45. L., 0ᵐ,38.

63 — Portrait de Femme.

T. — H., 0ᵐ,41. L., 0ᵐ,31.

64 — Vierge et Enfant.

Ancienne collection du marquis Charles de Valori. .

B. — H., 0ᵐ,33. L., 0ᵐ,26.

65 — L'Adoration des bergers.

Ancienne collection du marquis Charles de Valori.

B. — H., 0ᵐ,32. L., 0ᵐ,26.

66 — Portrait d'un Pape.

Ancienne collection du marquis Charles de Valori.

B. — H., 0ᵐ,34. L., 0ᵐ,25.

ÉCOLE ITALIENNE

67 — Saint Jean-Baptiste.

Ancienne collection du marquis Charles de Valori.

B. — H., 0ᵐ,31. L., 0ᵐ,25.

68 — Portrait de Moine.

T. — H., 0ᵐ,23. L., 0ᵐ,17.

69 — La Vierge.

B. — H., 0ᵐ,33. L., 0ᵐ,22.

70 — Saint Jean-Baptiste.

B. — H., 0ᵐ,33. L., 0ᵐ,22.

71 — Prêtre en prières.

C. — H., 0ᵐ,09. L., 0ᵐ,08.

ÉCOLE ITALIENNE PRIMITIVE

72 — Un Martyr.

Ancienne collection du marquis Charles de Valori.

B. — H., 0ᵐ,23. L., 0ᵐ,35.

73 — Le Christ au tombeau.

Ancienne collection du marquis Charles de Valori.

B. — H., 0ᵐ,36. L., 0ᵐ,46.

ÉCOLE MILANAISE

74 — La Vierge et l'Enfant.

(Ce tableau est attribué dans l'ancien catalogue à Andréa Solario.)

Ancienne collection du marquis Charles de Valori.

B. — H., 0ᵐ,63. L., 0ᵐ,52.

ÉCOLE VÉNITIENNE

75 — Un Sacrifice chez les Hébreux.

Ancienne collection du marquis Charles de Valori.

T. — H., 0ᵐ,21. L., 0ᵐ,32.

PASTELS — GOUACHES

HUET (Attribué à).

76 — Paysage.

Gouache.

77 — Paysage.

Gouache.
Pendant du précédent.

Ancienne collection du marquis Charles de Valori.

ÉCOLE FLAMANDE

78 — Portrait de Dame.

Vêtue d'une robe noire avec large collerette blanche.
Pastel.

Ancienne collection du marquis Charles de Valori.

ÉCOLE ITALIENNE

79 — Sujet allégorique.

Gouache.

Ancienne collection du marquis Charles de Valori.

80 — Sujet mythologique.

Gouache.

Ancienne collection du marquis Charles de Valori.

81 — Sujet mythologique.

Pendant du précédent.
Gouache.

Ancienne collection du marquis Charles de Valori.

8221. — Librairies-Imprimeries réunies, rue Mignon, 2, Paris.